Vorwort

Power Shakes und Getränke aus dem Thermomix TM5. Vitamin Kraftpakete, die Lust auf mehr machen. So geht man frisch und entschlackt in den Sommer.

Inhaltsangabe

Vorwort

Limonaden
Erdbeer Weintrauben Limonade
Coole Beeren Limonade
Kirsch Chili Limonade
Zitronen Ingwer Marmelade
Himbeer Limonade
Holunderlimonade
Indianische Ingwerlimonade
Apfel Bananen Limonade
Erdbeer Pfeffer Limonade
Blaubeere Zimt Pfeffer Limonade
Minze Limonade
Brombeere Limonade
Orangen Kirsche Limonade
Blaubeere Limonade

Sommergetränke
Ananasbowle
Erdbeere Bananen Bowle
Karotten Orangen Drink
Gurken Pfefferminz Drink
Bananen Pfirsich Drink
Melonen Limetten Drink

Sorbets
Melonen Sorbet
Erdbeer Himbeer Sorbet
Grapefruitsorbet
Rote Johannisbeere Sorbet
Orangen Sorbet

Nachtrag zum Impressum / Copyright

Herstellung und Verlag:

BoD - Books on Demand, Norderstedt

ISBN 978-3-7412-4034-8

Limonaden

Erdbeer Weintrauben Limonade

Zutaten
8 Stängel Zitronenmelisse
300 g Erdbeeren
200 g Weintrauben
50 g Rohrohrzucker
600 g Mineralwasser
1 Prise Anis
Saft einer Zitrone

10 Eiswürfel

Zubereitung
Das Obst sorgfältig waschen. In den Mixtopf füllen und auf Stufe 10 / 30 Sekunden fein zerkleinern. Die übrigen Zutaten in den Mixtopf geben und nochmals 1 Minute / Stufe 10. In ein hohes Gefäß umfüllen und kalt stellen.

Coole Beeren Limonade

Zutaten
300 g gefrorene Beerenmischung
100 g Heidelbeeren, ungefroren
50 g Rohrohrzucker
600 g Mineralwasser
Saft einer Zitrone
1 Prise Zimt

Zubereitung
Das Obst sorgfältig waschen. In den Mixtopf füllen und auf Stufe 10 / 30 Sekunden fein zerkleinern. Die übrigen Zutaten in den Mixtopf geben und nochmals 1 Minute / Stufe 10. In ein hohes Gefäß umfüllen und kalt stellen.

Kirsch Chili Limonade

Zutaten
300 g Kirschen
100 g Rohrohrzucker
600 g Mineralwasser
1 gute Prise Chili
Saft einer Zitrone
10 Eiswürfel

Zubereitung
Das Obst sorgfältig waschen. In den Mixtopf füllen und auf Stufe 10 / 30 Sekunden fein zerkleinern. Die übrigen Zutaten in den Mixtopf geben und nochmals 1 Minute / Stufe 10. In ein hohes Gefäß umfüllen und kalt stellen.

Zitronen Ingwer Limonade

Zutaten
8 Stängel Zitronenmelisse
Saft von 2 Zitronen
2 cm Ingwer
80 g Rohrohrzucker
600 g Mineralwasser
100 g Orangensaft
10 Eiswürfel

Zubereitung

Das Obst sorgfältig waschen. In den Mixtopf füllen und auf Stufe 10 / 30 Sekunden fein zerkleinern. Die übrigen Zutaten in den Mixtopf geben und nochmals 1 Minute / Stufe 10. In ein hohes Gefäß umfüllen und kalt stellen.

Himbeer Limonade

Zutaten
400 g Himbeeren
50 g Rohrohrzucker
600 g Mineralwasser
Saft einer Zitrone
10 Eiswürfel

Zubereitung
Das Obst sorgfältig waschen. In den Mixtopf füllen und auf Stufe 10 / 30 Sekunden fein zerkleinern. Die übrigen Zutaten in den Mixtopf geben und nochmals 1 Minute / Stufe 10. In ein hohes Gefäß umfüllen und kalt stellen.

Holunder Limonade

Zutaten
500 g Holunderbeeren
100 g Rohrohrzucker
800 g Mineralwasser
1 Prise Muskat
Saft einer Zitrone
10 Eiswürfel

Zubereitung
Das Obst sorgfältig waschen. In den Mixtopf füllen und auf Stufe 10 / 30 Sekunden fein zerkleinern. Die übrigen Zutaten in den Mixtopf geben und nochmals 1 Minute / Stufe 10. In ein hohes Gefäß umfüllen und kalt stellen.

Indianische Ingwer Limonade

Zutaten
3 cm Ingwer
1 TL Pfeffer, ganz, weiß
1 Prise Salz
200 g Zucker
600 g Mineralwasser
200 g Apfelsaft
Saft von 6 Limetten
1 Birne
½ Bund Basilikum
10 Eiswürfel

Zubereitung
Das Obst sorgfältig waschen. In den Mixtopf füllen und auf Stufe 10 / 30 Sekunden fein zerkleinern. Die übrigen Zutaten in den Mixtopf geben und nochmals 1 Minute / Stufe 10. In ein hohes Gefäß umfüllen und kalt stellen.

Apfel Bananen Limonade

Zutaten
3 Bananen, geschält
100 g Rohrohrzucker
400 g Apfelsaft
400 g Mineralwasser
1 Prise Zimt
Saft einer Zitrone
10 Eiswürfel

Zubereitung
Das Obst sorgfältig waschen. In den Mixtopf füllen und auf Stufe 10 / 30 Sekunden fein zerkleinern. Die übrigen Zutaten in den Mixtopf geben und nochmals 1 Minute / Stufe 10. In ein hohes Gefäß umfüllen und kalt stellen.

Erdbeer Pfeffer Limonade

Zutaten
300 g Erdbeeren
80 g Rohrohrzucker
600 g Mineralwasser
1 TL Pfefferkörner, schwarz
3 Pimentkörner
50 g Balsamico Essig
Saft einer Zitrone
10 Eiswürfel

Zubereitung
Das Obst sorgfältig waschen. In den Mixtopf füllen und auf Stufe 10 / 30 Sekunden fein zerkleinern. Die übrigen Zutaten in den Mixtopf geben und nochmals 1 Minute / Stufe 10. In ein hohes Gefäß umfüllen und kalt stellen.

Blaubeer Zimt Pfeffer Limonade

Zutaten
350 g Blaubeeren
½ TL Zimt
150 g Rohrohrzucker
600 g Mineralwasser
½ weißer Pfeffer, ganz
Saft einer Zitrone
10 Eiswürfel

Zubereitung

Das Obst sorgfältig waschen. In den Mixtopf füllen und auf Stufe 10 / 30 Sekunden fein zerkleinern. Die übrigen Zutaten in den Mixtopf geben und nochmals 1 Minute / Stufe 10. In ein hohes Gefäß umfüllen und kalt stellen.

Minze Limonade

Zutaten
8 Stängel Minze
Saft von 6 Zitronen
1 Banane
150 g Rohrohrzucker
600 g Mineralwasser
1 Prise Kardamom
10 Eiswürfel

Zubereitung
Das Obst sorgfältig waschen. In den Mixtopf füllen und auf Stufe 10 / 30 Sekunden fein zerkleinern. Die übrigen Zutaten in den Mixtopf geben und nochmals 1 Minute / Stufe 10. In ein hohes Gefäß umfüllen und kalt stellen.

Brombeere Limonade

Zutaten
400 g Brombeeren
150 g Rohrohrzucker
600 g Mineralwasser
1 Prise Anis
Saft einer Zitrone
10 Eiswürfel

Zubereitung
Das Obst sorgfältig waschen. In den Mixtopf füllen und auf Stufe 10 / 30 Sekunden fein zerkleinern. Die übrigen Zutaten in den Mixtopf geben und nochmals 1 Minute / Stufe 10. In ein hohes Gefäß umfüllen und kalt stellen.

Orange Kirsche Limonade

Zutaten
150 g Orangen, filetiert
350 g Kirschen, entsteint
150 g Rohrohrzucker
800 g Mineralwasser
Saft einer Zitrone
10 Eiswürfel

Zubereitung
Das Obst sorgfältig waschen. In den Mixtopf füllen und auf Stufe 10 / 30 Sekunden fein zerkleinern. Die übrigen Zutaten in den Mixtopf geben und nochmals 1 Minute / Stufe 10. In ein hohes Gefäß umfüllen und kalt stellen.

Blaubeere Limonade

Zutaten
500 g Blaubeeren
100 g Rohrohrzucker
800 g Mineralwasser
1 Prise Muskat
Saft einer Zitrone
10 Eiswürfel

Zubereitung
Das Obst sorgfältig waschen. In den Mixtopf füllen und auf Stufe 10 / 30 Sekunden fein zerkleinern. Die übrigen Zutaten in den Mixtopf geben und nochmals 1 Minute / Stufe 10. In ein hohes Gefäß umfüllen und kalt stellen.

Sommergetränke

Ananasbowle

Zutaten
1 Ananas
2 Bananen
Saft von 2 Zitronen
100 g Zucker
800 g kaltes Mineralwasser
½ TL Anis, gemahlen

Zubereitung
Die flüssigen Zutaten in den Mixtopf geben und auf Stufe 3 / 20 Sekunden sanft vermischen. In ein großes Gefäß umfüllen. Das Obst waschen und in Stücke schneiden. Zu der Flüssigkeit geben und umrühren. Kalt stellen und genießen.

Erdbeere Bananen Bowle

Zutaten
500 g Erdbeeren
2 Bananen
Saft von 2 Zitronen
130 g Zucker
800 g kaltes Mineralwasser

Zubereitung
Die flüssigen Zutaten in den Mixtopf geben und auf Stufe 3 / 20 Sekunden sanft vermischen. In ein großes Gefäß umfüllen. Das Obst waschen und in Stücke schneiden. Zu der Flüssigkeit geben und umrühren. Kalt stellen und genießen.

Karotten Orangen Drink

Zutaten
600 g Karottensaft
2 Bananen
600 g Orangensaft
10 Eiswürfel

Zubereitung
Das Obst sorgfältig waschen. In den Mixtopf füllen und auf Stufe 10 / 30 Sekunden fein zerkleinern. Die übrigen Zutaten in den Mixtopf geben und nochmals 1 Minute / Stufe 10. In ein hohes Gefäß umfüllen und kalt stellen.

Gurken Pfefferminz Drink

Zutaten
2 Gurken, geschält
6 Stängel Pfefferminz
100 g Zitronensaft
½ TL Salz
800 g Joghurt

Zubereitung
Das Gemüse sorgfältig waschen. In den Mixtopf füllen und auf Stufe 10 / 30 Sekunden fein zerkleinern. Die übrigen Zutaten in den Mixtopf geben und nochmals 1 Minute / Stufe 10. In ein hohes Gefäß umfüllen und kalt stellen.

Bananen Pfirsich Drink

Zutaten
300 g Pfirsiche, geschält
80 g Rohrohrzucker
2 Bananen, geschält
800 g Orangensaft
10 Eiswürfel

Zubereitung
Das Obst sorgfältig waschen. In den Mixtopf füllen und auf Stufe 10 / 30 Sekunden fein zerkleinern. Die übrigen Zutaten in den Mixtopf geben und nochmals 1 Minute / Stufe 10. In ein hohes Gefäß umfüllen und kalt stellen.

Melonen Limetten Drink

Zutaten
Fleisch einer halben kleinen Melone
Saft von 2 Limetten
800 g Bananensaft
10 Eiswürfel

Zubereitung
Das Obst sorgfältig waschen. In den Mixtopf füllen und auf Stufe 10 / 30 Sekunden fein zerkleinern. Die übrigen Zutaten in den Mixtopf geben und nochmals 1 Minute / Stufe 10. In ein hohes Gefäß umfüllen und kalt stellen.

Sorbets

Melonen Sorbet

Zutaten
500 g Melonenfleisch
100 g Wasser
130 g Zucker
20 Eiswürfel

Zubereitung
Alle Zutaten in den Mixtopf geben und auf Stufe 10 / 30 Sekunden mischen. Alles nach unten schieben und nochmals 10 Sekunden / Stufe 10.
Sofort servieren und genießen.

Erdbeer Himbeer Sorbet

Zutaten
250 g Erdbeeren
250 g Himbeeren
100 g Wasser
130 g Zucker
20 Eiswürfel

Zubereitung
Alle Zutaten in den Mixtopf geben und auf Stufe 10 / 30 Sekunden mischen. Alles nach unten schieben und nochmals 10 Sekunden / Stufe 10.
Sofort servieren und genießen.

Grapefruitsorbet

Zutaten
500 g Grapefruit, geschält und filetiert
100 g Orangensaft
130 g Zucker
20 Eiswürfel

Zubereitung
Alle Zutaten in den Mixtopf geben und auf Stufe 10 / 30 Sekunden mischen. Alles nach unten schieben und nochmals 10 Sekunden / Stufe 10.
Sofort servieren und genießen.

Rote Johannisbeere Sorbet

Zutaten
500 g rote Johannisbeeren
100 g Traubensaft
130 g Zucker
20 Eiswürfel

Zubereitung
Alle Zutaten in den Mixtopf geben und auf Stufe 10 / 30 Sekunden mischen. Alles nach unten schieben und nochmals 10 Sekunden / Stufe 10.
Sofort servieren und genießen.

Orangen Sorbet

Zutaten
500 g Orangen, filetiert
100 g Orangensaft
130 g Zucker
20 Eiswürfel

Zubereitung
Alle Zutaten in den Mixtopf geben und auf Stufe 10 / 30 Sekunden mischen. Alles nach unten schieben und nochmals 10 Sekunden / Stufe 10.
Sofort servieren und genießen.

Nachtrag zum Impressum / Copyright

Shutterstock.com
- Syda Productions
- Graphia
- Fries Larsen
- Yuko Studio
- Zidar
- Tatiana
- Viktory
- Ddesign
- Letterberry
- Elena Shashkina
- Padara
- Kell
- Goncharov
- MS Photographic
- Nastya
- Glazova
- Stockcreations
- Saschanti17